U0101489

高祖功臣侯年表第六　史記十八

（正義曰高祖初定天下表明有功之臣而侯之若蕭曹等）

太史公曰古者人臣功有五品以德立宗廟定社稷曰勳以言曰勞用力曰功明其等曰伐積日曰閱封爵之誓曰使河如帶泰山如厲國以永寧爰及苗裔始未嘗不欲固其根本而枝葉稍陵夷衰微也余讀高祖侯功臣察其首封所以失之者曰異哉所聞書曰協和萬國遷于夏商或數千歲蓋周封八百幽厲之後見於春秋尚書有唐虞之侯伯歷三代千有餘載自全以蕃衛天子豈非篤於仁義奉上法哉漢興功臣受封者百有餘人（索隱曰案下文高祖功臣百三十七人兼外戚及王子凡一百四十三人受封）天下初定故大城名都散亡戶口可得而數者十二三（索隱曰言十分纔二三在耳）是以大侯不過萬家小者五六百戶後數世民咸歸鄉里戶益息蕭曹絳灌之屬或至四萬小侯自倍（索隱曰倍其初封時戶數也）富厚如之子孫驕溢忘其先淫嬖至太初百年之間見侯五（正義曰謂平陽侯曹宗曲周侯酈終根楊阿侯下仁載侯秋家穀陵侯韓偃也）餘皆坐法隕命亡國耗矣罔亦少密焉然皆身無兢兢於當世之禁云居今之世志古之道所以自鏡

也索隱曰言居今之代志識古之道得以自鏡當代之存亡也未必盡同帝王者各殊禮而異務要以成功爲統紀豈可緄乎觀所以得尊寵及所以廢辱亦當世得失之林也索隱曰言觀今人臣所以得尊寵者必由忠厚被廢辱者亦由驕淫是言見在興廢亦當代得失之林也何必舊聞於是謹其終始表見其文頗有所不盡本末著其明疑者闕之後有君子欲推而列之得以覽焉

國名	正義曰此國名匡左行一道成是諸侯所封國名也
侯功	
高祖十二	
孝惠七	
高后八	
孝文二十三	
孝景十六	
建元至元封六年三十六	
太初元年盡後元二年十八	
侯第	索隱曰姚氏云蕭何第一曹參二張敖三周勃四樊噲五酈商六奚涓七夏侯嬰八灌嬰九傅寬十靳歙十一王陵十二陳武十三王汲十四薛歐十五周昌十六丁復十七蟲達十八史記與漢書表同而楚漢春秋則不同者陸賈記事在高祖惠帝時漢書是後定功臣等列及陳平受呂后命而定或已改邑號故人名亦別且高祖初定唯十八侯呂后令陳平終竟巳下列侯第錄凡一百四十三人也

漢書音義曰曹參位第二而表在首以前後故

平陽

索隱曰漢書地理平陽縣屬河東

以中涓從起沛至霸上侯以將軍入漢以左丞相出征齊魏以右丞相為平陽侯萬六百戶如淳曰謁主通書謂出納君命石奮為謁中涓受謁陳平是也春秋傳曰涓人疇漢儀註天子有中涓如黃門皆中官者

七

六年十二月甲申懿侯曹參元年○索隱曰懿謚也

五

其二年為相國

二

六年十月靖侯窋元年

八

十九

四

後四年簡侯奇元年

三

十三

四年夷侯時元年○索隱曰時或作時音止又音市案漢書衛青傳平西曹壽尚陽信公主即此人當是字訛也

十

元光五年恭侯襄元年

十六

元鼎三年今侯宗元年

二

索隱曰漢書音義曰曹參位第二而表在首蕭何位第一而表在十三者以封先後故也又按封參在六年十二月封何在六年正月高祖十月因秦改元故十二月在正月前也漢表具記位次而亦依封前後錄也

索隱曰地理志無信武

信武

縣當是後廢也

以中涓從起宛朐入漢以騎都尉定三秦擊項羽別定江陵侯五千三百戶以車騎將軍攻黥布陳豨

七

六年十二月甲申肅侯靳歙元年○索隱曰靳姓音紀覲反歙音攝又音吸

七

五

三

六年夷侯亭元年

十八

後元三年侯亭坐事國人過律奪侯國除

十一

清陽 索隱曰漢表作清河定侯地理志清陽縣屬清河郡也	汝陰 索隱曰汝陰縣屬汝南凡縣名皆據地理志不言者從省文
以中涓從起豐至霸上爲騎郎將入漢以將軍擊項羽功侯三千一百户	以令史從降沛爲太僕常奉車爲滕公竟定天下入漢中全孝惠魯元侯六千九百户常爲太僕
六年十二月甲申定侯王吸元年○索隱曰楚漢春秋作清陽侯王隆 七	六年十二月甲申文侯夏侯嬰元年 七
七	七
八	八
元年哀侯彊元年 七 索隱曰彊音其良切 八年孝侯伉元年 十六 索隱曰伉音苦浪切	八 九年夷侯竈元年 七 十六年恭侯賜元年 八
四 五年哀侯不害元年 十二	十六
元光二年侯不害薨無後國除 七	元光二年侯頗元年 七 元鼎二年侯頗坐尚公主與父御婢姦罪自殺國除 十九
十四	八

陽陵	索隱曰陽陵縣屬馮翊　楚漢春秋作陰陵
	以舍人從起橫陽至霸上為魏將入漢定三秦屬淮陰定齊為齊丞相侯二千六百戶
七	六年十二月甲申景侯傅寬元年
五　二	六年頃侯靖元年
八	
十四　九	十五年恭侯則元年
二　十三	前四年侯偃元年
十八	元狩元年侯偃與淮南王謀反國除
十	

廣嚴	索隱曰晉書地道記廣縣在東莞嚴諡也下又云壯班馬二史並誤
	以中涓從起沛至霸上為連敖入漢以騎將定燕趙得將軍侯二千二百戶
七	六年十二月甲申壯侯呂歐元年○索隱曰歐烏后切
七	
八	
一　九　十三	二年戴侯勝元年　十一年恭侯嘉元年至後元七年嘉薨無後國除
二十八	

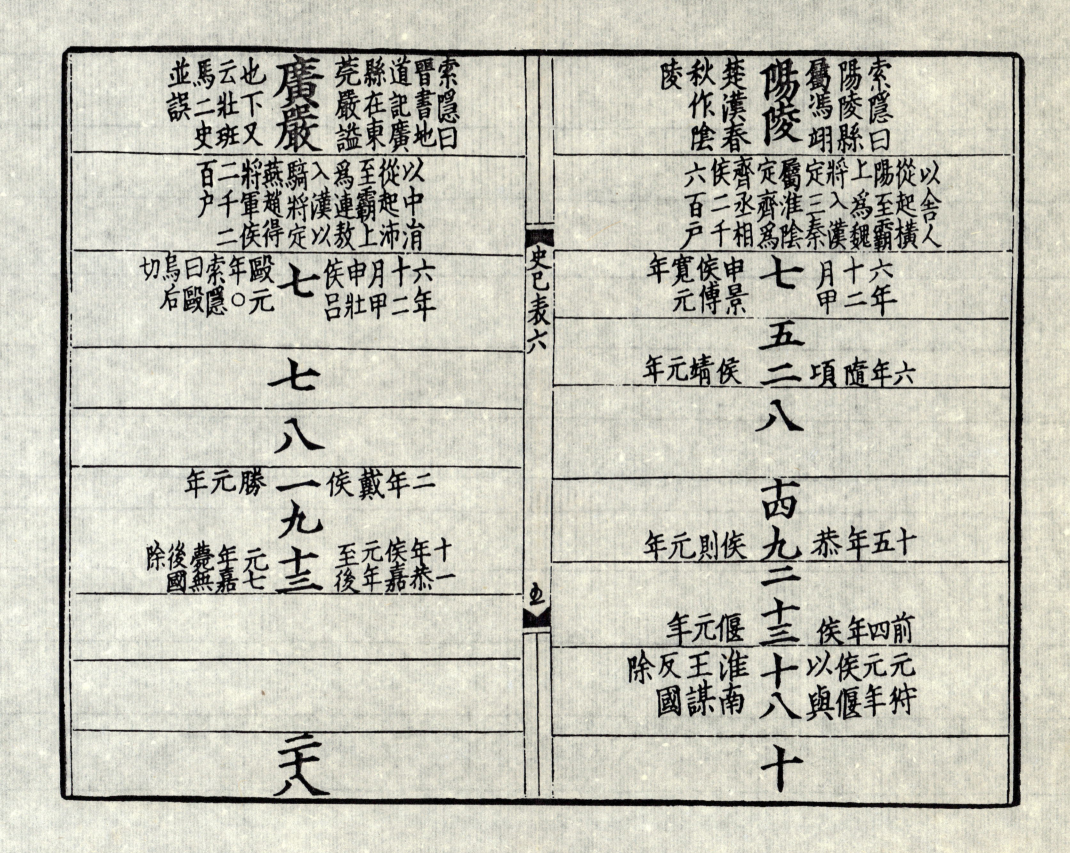

廣平 索隱曰縣名屬臨淮

以舍人從起豐至霸上爲郎中入漢以將軍擊項羽鍾離昧功侯四千五百户

六年十二月甲申敬 七 侯薛歐元年

七

元年靖侯 八 山元年

十八

後元三年 五 侯澤元年

中二年 八 有罪絶

平棘

中五年復封 五 節侯澤元年

其十年 十 爲丞相

元朔四年 五 侯穰元年

元狩元年穰受淮南王財物 三 稱自在赦前詔問謾罪國除

十五

博陽 索隱曰博陽縣在汝南

以舍人從起碭以刺客將入漢以都尉擊項羽滎陽絶甬道擊殺卒追功侯

六年十二月甲申壯侯陳濞元年○ 七 索隱曰楚漢春秋名贊

七

八

十八

後元三年 五 侯始元年

前五年侯始 四 有罪國除

中五年封始○索隱 塞 曰塞在桃林之西

後元元年始 二 有罪國除

十九

曲逆　索隱曰縣名屬中山章帝改曰蒲陰

以故楚都尉漢王二年初從脩武爲都尉遷爲護軍中尉出六奇計定天下侯五千户

六年十二月甲申　七　獻侯陳平元年

其五年爲　七　左丞相

其元年徙爲右丞相後專爲丞相　八　相孝文二年

三年恭侯買元年　二

五年簡侯悝元年　十九

四

五年侯何元年　十二

元光五年侯何坐略人妻棄市國除　十

四十七

堂邑　索隱曰縣名屬臨淮

以自定東陽爲將屬項梁爲楚柱國四歲項羽死屬漢定豫章折江都折自立爲王壯思侯千八百户復相楚元王十一年

六年十二月甲申　七　安侯陳嬰元年

七

四

五年恭侯祿元年　四

二

三年夷侯午元年　二十一

十六

元光六年　十一　季須元年

元鼎元年侯須坐母長公主卒未除服姦兄弟爭財當死自殺國除　十三

八十六

索隱曰應劭云周呂國也按周 **周呂** 及呂皆國名有陰濟呂都縣

以呂后兄初起以客從入漢為侯還定三秦將兵先入碭漢王之解彭城往從之復發兵佐高祖定天下功侯

六年正月丙戌令武侯呂澤元年○索隱曰令武謚也一云令 三 邑武謚也又改封令令縣名在滎陽出晉地道記

九年子台封酈侯元年○索隱 四 曰酈音歷一作鄜音敷皆縣名

七 有罪

索隱曰縣 **建成** 名屬沛郡

以呂后兄初起以客從擊三秦漢王入漢而釋之還豐沛奉衛呂宣王太上皇天下已平封釋之為建成侯○索隱曰呂宣王呂公子也

六年正月丙戌 七 康侯釋之元年

三年侯 二 則元年

有 五 罪

元年五月丙寅封則弟太 **胡陵** 中大夫呂祿元年

八年祿為趙王國除追尊康侯為昭王祿 七 以趙王謀為不善大臣誅祿遂滅呂

留 索隱曰韋昭云留今在彭城

以廐將從起下邳以韓申徒下韓國言上張旗志秦王恐降解上與項羽之郄爲漢王請漢中地常計謀平天下侯萬户

七 六年正月丙戌文成侯張良元年

七

二 六 三年不疑元年

四 五年侯不疑坐與門大夫謀殺故楚内史當死贖爲城旦國除

六十二

射陽 索隱曰縣名屬臨淮射一作貫

兵初起與諸侯共擊秦爲楚左今尹漢王與項羽有郄於鳴門項伯纏解難以破羽纏嘗有功封射陽侯

七 六年正月丙午侯項纏元年賜姓劉氏○索隱曰即項伯也

二 三年侯纏卒嗣子睢有罪國除

酇　索隱曰酇音贊縣名在沛劉氏云以何子祿嗣無後國除呂后封何夫人於南陽酇恐非也

以客初起從入漢為丞相備守蜀及關中給軍食佐上定諸侯立法令立宗廟侯八千户

六年正月丙午文終侯蕭何元年　七
元年為丞相九年為相國

二
三年哀侯祿元年　五

一
二年懿侯同元年　七　同祿弟

筑陽○索隱曰　十　筑音逐縣名
元年同有罪封何　九　小子延元年
後元四年煬侯　一　遺元年
五年侯　三　則元年

有　一　罪
前一年封煬侯武陽　七　弟幽侯嘉元年
中一年侯　八　勝元年

元朔二年侯　十　勝坐不敬絕
元狩三年封何　三　孫恭侯慶元年
元狩六年侯　酇　壽成元年
元封四年壽成為太常　二十　犧牲不如令國除

一

曲周　索隱曰縣名屬廣平

以將軍從起岐攻長社以南別定漢中及蜀定三秦擊項羽侯四千八百户

六年正月丙午景侯　七　酈商元年

七

八

元年侯　二十三　寄元年

有罪　九　絕
中三年封商地　繆七　子靖侯堅元年

元光四年康侯　九　遂元年
元朔三年　五　侯宗元年
元鼎二年侯　十三　終根元年
後二年五月侯終根　十八　坐呪詛誅國除

六

絳 索隱曰縣名屬河東	**舞陽** 索隱曰縣名屬潁川
以中涓從起沛，至霸上，為侯。定三秦，食邑，為將軍。入漢，定隴西，擊項羽，守嶢關，定泗水、東海。八千一百戶。	以舍人起沛，從至霸上，為侯。入漢，定三秦，為將軍，擊項籍，再益封。從破燕，執韓信，侯，五千戶。
六年正月丙午 **七** 武侯周勃元年	六年正月丙午 **七** 武侯樊噲元年 其七年為將軍相國三月
七	**六** 七年侯伉元年 **一** 呂須子
八 其四年為太尉	坐呂氏誅族 **八**
元年為右丞相 **十一** 三年免復為丞相 十二年侯 **六** 勝元年 後元二年封勃 **條** 子亞夫元年	元年封樊噲子 **二十三** 荒侯市人元年
其三為太尉七為 **十三** 丞相有罪國除 平曲 後元年封勃 **三** 子恭侯堅元年	七年侯它 **六** 廣元年 中元五年侯它廣非 **六** 荒侯市人子國除
元朔五年侯 **十六** 建德元年 元鼎五年侯建 **十二** 德坐酎金國除	
四	**五**

潁陰 索隱曰縣名屬潁川
以中涓從起碭至霸上爲昌文君入漢定三秦食邑以車騎將軍屬淮陰定齊淮南及下邑殺項籍侯五千戶
六年正月丙午 七 懿侯灌嬰元年
七
八
其一爲太尉三爲丞 四十九 相五年平侯何元年
九
中三年侯 七 彊元年
有罪 六 絕
元光二年封嬰孫臨 九 汝侯侯賢元年
元朔五年侯賢行財罪國除
九

汾陰 索隱曰縣名屬河東
初起以職志擊破秦入漢出關以內史堅守敖倉以御史大夫定諸侯比清陽侯二千八百戶○索隱曰如淳云職志官名主幡旗
六年正月丙午 七 悼侯周昌元年
四年哀侯建 三 平開方元年
有罪 四 絕
八
前五年侯 四十三 意元年
有罪 絕
中二年封昌孫左車 安陽八 後元元年有罪國除
十六

梁鄒 索隱曰梁鄒縣名屬濟南

兵初起以謁者從擊破秦入漢以將軍擊定諸侯功比博陽侯二千八百戶

六年正月丙午孝侯武儒元年 七 ○索隱曰漢表儒作兖

五年侯 四 最元年

索隱曰最 三 音辭取反

八

二十三

十六

元光元年頃 六 侯嬰齊元年

元光四年侯 三 山柎元年

元鼎五年侯山柎坐酎金 二十 國除○索隱曰柎音跗

二十

成 索隱曰縣名屬涿郡

兵初起以舍人從擊秦爲都尉入漢定三秦出關以將軍定諸侯功比厭次侯二千八百戶

六年正月丙午敬侯董渫元年 七 ○索隱曰渫音息列反

元年康侯 七 赤元年

八

二十三

有罪 六 節氏 絕

中五年復封康侯赤元 五 年○索隱曰節氏縣名

建元四年恭 二 侯霸軍元年

元光三年 五 侯朝元年

元狩三年侯朝爲濟南太守與成陽 十二 王女通不敬國除

二十五

蓼　索隱曰縣名屬六安

以執盾前元年從起碭以左司馬入漢以將軍三以都尉擊項羽屬韓信功侯。索隱曰即漢五年圍羽垓下淮陰侯將四十萬自當之孔將軍居左費將軍居右是也費將軍即下費侯陳賀也

七

六年正月丙午侯孔聚元年。索隱曰姚氏案孔子家語云子武生子魚及子文子文生最字子產說文以最爲積聚字此作藂不同

七

八

九年侯臧元年

八

十五

十六

十四

元朔三年侯臧坐爲太常南陵橋壞衣冠車不得度國除。索隱曰案孔藂云臧歷位九卿爲御史大夫辭曰臣經學乞爲太常典禮臣業以安國綱紀古訓武帝難違其意遂拜太常典禮賜如三公臧子琳位至諸吏琳子璜失侯爵此云臧國除當是後更封其子也

十三

費　索隱曰費音祕一音扶未反縣名屬東海

以舍人前元年起碭以左司馬入漢用都尉屬韓信擊項羽有功爲將軍定會稽浙江湖陽侯

七

六年正月丙午圉侯陳賀元年徐廣曰圉或作幽

七

八

元年共侯常元年

二十三

二年侯偃元年

中元二年有罪絶

中元六年封賀子侯最元年

後元三年最薨無後國除

一

八

巢

四

陽夏

索隱曰縣名屬淮陽

以特將將卒五百人前元年從起宛朐至霸上為侯以游擊將軍別定代已破臧荼封豨為陽夏侯○索隱曰豨音虛肥反

五

六年正月丙午侯陳豨元年

十年八月豨以趙相國將兵守代漢使召豨豨反以其兵與王黃等略代自立為燕漢殺豨靈丘

隆慮

索隱曰縣名屬河內音林閭避殤帝隆諱故改之

以卒從起碭以連敖入漢以長鈹都尉擊項羽有功侯○索隱曰徐廣以連敖為典客官長鈹為官名說文云鈹者劒刀裝也鈹音敷皮反漢表作鈹音丕

七

六年正月丁未哀侯周竈元年

○索隱曰漢表哀作克

七

八

十七

後元二年

侯通元年

六

七

中元元年侯通有罪國除

三十四

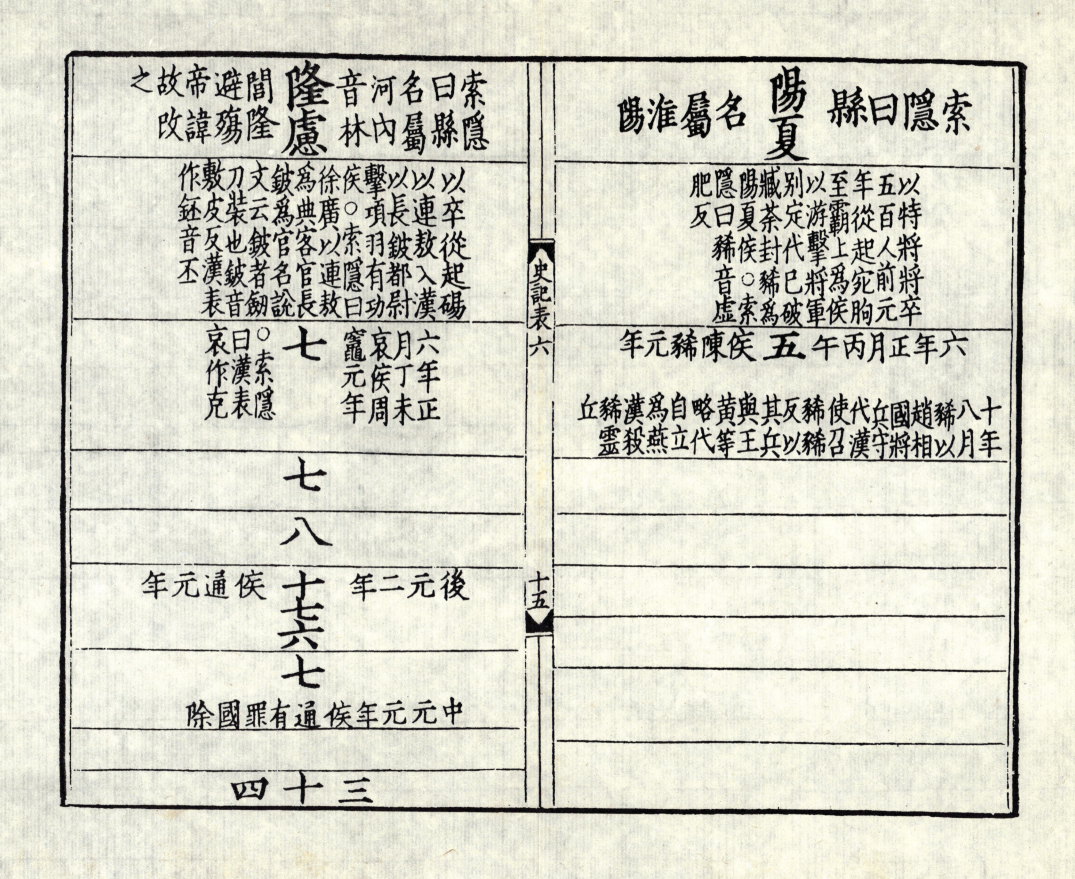

陽都 索隱曰漢志闕晉書地道記屬琅邪

以趙將從起鄴至霸上為樓煩將入漢定三秦別降翟王屬悼武王殺龍且彭城為大司馬破羽軍葉拜為將軍忠臣侯七千八百户

六年正月戊申敬侯丁復元年 七 。索隱曰復音伏

七

六年趮侯寧元年 五 三

十年侯安成元年 九 十四

二年侯安成有罪國除 一

十七

新陽 索隱曰漢表作陽信縣名屬汝南

以漢五年用左令尹初從功比堂邑侯千户

六年正月壬子 七 胡侯呂清元年

四年頃侯丗元年 三 四

八

七年懷侯義元年 六 二 十五
九年惠侯它元年

中三年侯譚元年 四 五 七

元鼎五年侯譚坐酎金國除 二十八

八十一

東武 索隱曰縣名屬琅邪郡	汁邡 如淳曰汁音什邡音方○索隱曰計又如字縣屬廣漢
以戶衛徐廣曰一云從起薛爲悼武王破秦軍杠里陽熊軍曲遇入漢爲越徐廣曰一云城將軍定三秦以都尉堅守敖倉爲將軍破籍軍功侯二千戶	以趙將前三年從定諸侯二千五百戶功比平定侯齒故沛豪有力與上有郄故晚從
六年正月戊午七貞侯郭蒙元年	六年三月戊子七肅侯雍齒元年
七	三年荒侯二巨元年 五
六年侯五他元年 三	八
二十三	二十三
五 六年侯他弃市國除	三年侯二野元年 十 中元六年終侯四桓元年
	元鼎五年終侯二桓坐十酎金七國除
四十一	五十七

棘蒲	都昌
以將軍前元年率將二千五百人起薛別救東阿至霸上二歲十月入漢擊齊歷下軍田既功侯	以舍人前元年從起沛以騎隊卒先降翟王虜章邯功侯
六年三月丙申　七　剛侯陳武元年	六年三月庚子　七　莊侯朱軫元年
七	七
八	元年剛侯率元年　八
後元年侯武薨嗣　十六　子奇反不得置後國除	七 八年夷侯詘元年　十六
	元年恭侯偃元年　二 三年侯辟彊元年 中元元年辟彊薨無後國除　五
十三	二十三

武彊	
以舍人從至霸上，以騎將入漢，還擊項羽，屬丞相寧，功侯，用將軍擊黥布，侯。	
六年三月庚子，莊侯莊不識元年。	七
	七
七年，簡侯嬰元年。	六 二
後元二年，侯青翟元年。	十七 六
	十六
元鼎二年，侯青翟坐為丞相與長史朱買臣等逮御史大夫湯不直，國除。	二十五
	三十三

貰 索隱曰縣名屬鉅鹿 貰音世一音時夜反	
以越戶將從破秦，入漢，定三秦，以都尉擊項羽，千六百戶，功比臺侯。	
六年三月庚子，齊侯呂元年。徐廣曰：呂一作台。○索隱曰：謚法執心克莊曰齊。	二
八年，恭侯方山元年。	五
	七
	八
元年，煬侯赤元年。	十一
十二年，康侯遺元年。	十二
	十六
元朔五年，侯倩元年。索隱曰：倩音七淨反。	十六
元鼎元年，侯倩坐殺人棄市，國除。	八
	三十六

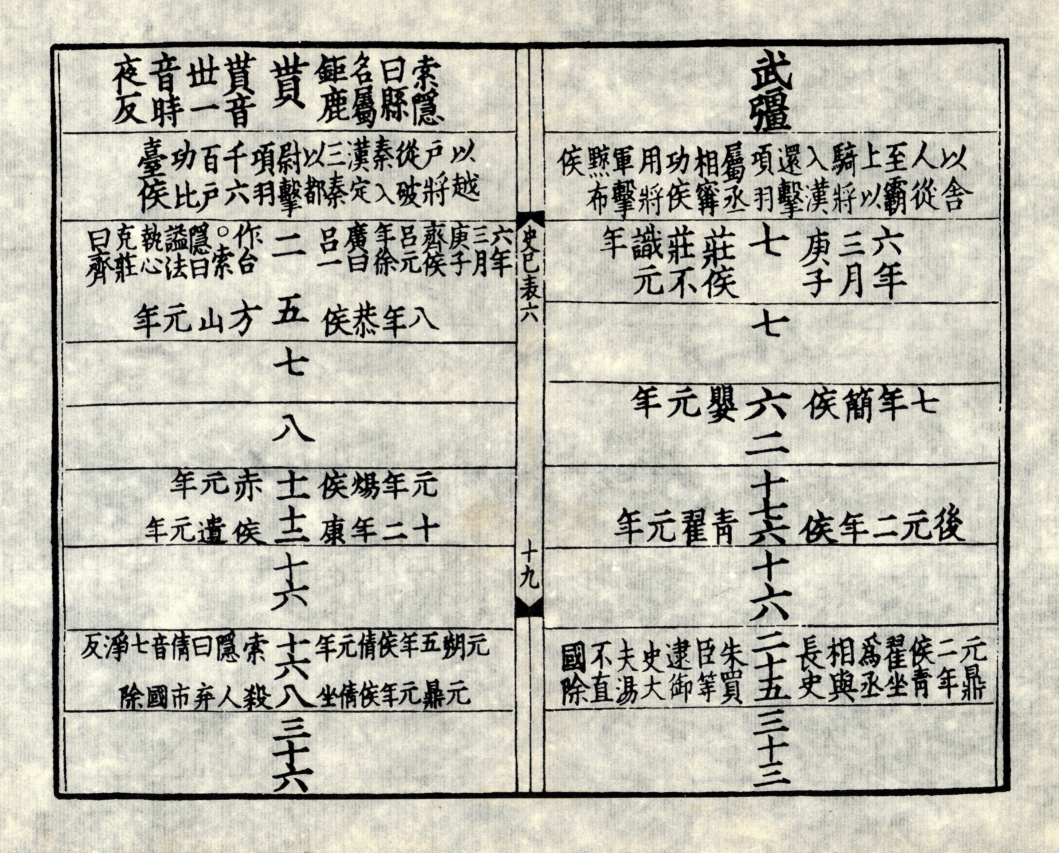

海陽 索隱曰海陽亦南越縣地理志闕	南安 索隱曰縣名屬犍爲建安亦有此縣
以越隊將從破秦入漢定三秦以都尉擊項羽侯千八百戶	以河南將軍漢王三年降晉陽以亞將破臧荼侯九百戶○索隱曰亞將漢表作連將
六年三月庚子齊信侯搖毋餘 七 元年○索隱曰毋餘東越之族也	六年三月庚子 七 莊侯宣虎元年
三年哀侯 二 昭襄元年 五	七
五年庚侯 四 建元年 四	八
二十三	九年共侯 八 戎元年 十一 後元四年侯 四 千秋元年
四年哀侯 三 省元年 中六年侯 十 省薨无後國除	七 中元元年千秋坐傷人免
三十七	六十三

肥如 索隱曰縣名屬遼西

以魏太僕三年初從以車騎都尉破龍且及彭城侯千戶

六年三月庚子 七 敬侯蔡寅元年

七

八

二 三年莊侯成元年
十四
七 後元年侯奴元年

元年侯奴薨無後國除

六十六

曲城 索隱曰漢志闕表在涿郡

以曲城戶將卒三十七人初從起碭至霸上為執珪為二隊將屬悼武王入漢定三秦以都尉破項羽軍陳下功侯四千戶為將軍擊燕代拔之

六年三月庚子圉侯蠱逢元年○索隱曰楚漢春秋云夜侯蠱達蓋改封也 七 夜縣屬東萊又諡法威德彊武曰圉子恭侯捷封垣故位侯日夜欠垣亦誤

七

八

八 元年侯捷元年有罪絶
五 後元三年復封恭侯捷元年

十三 有罪絶
垣
五 中五年復封恭侯捷元年

一 建元二年侯皋柔元年
二十五 元鼎三年侯皋柔坐為汝南太守知民不用赤側錢為賦國除 索隱曰時用赤側錢而汝南不用為賦

十八

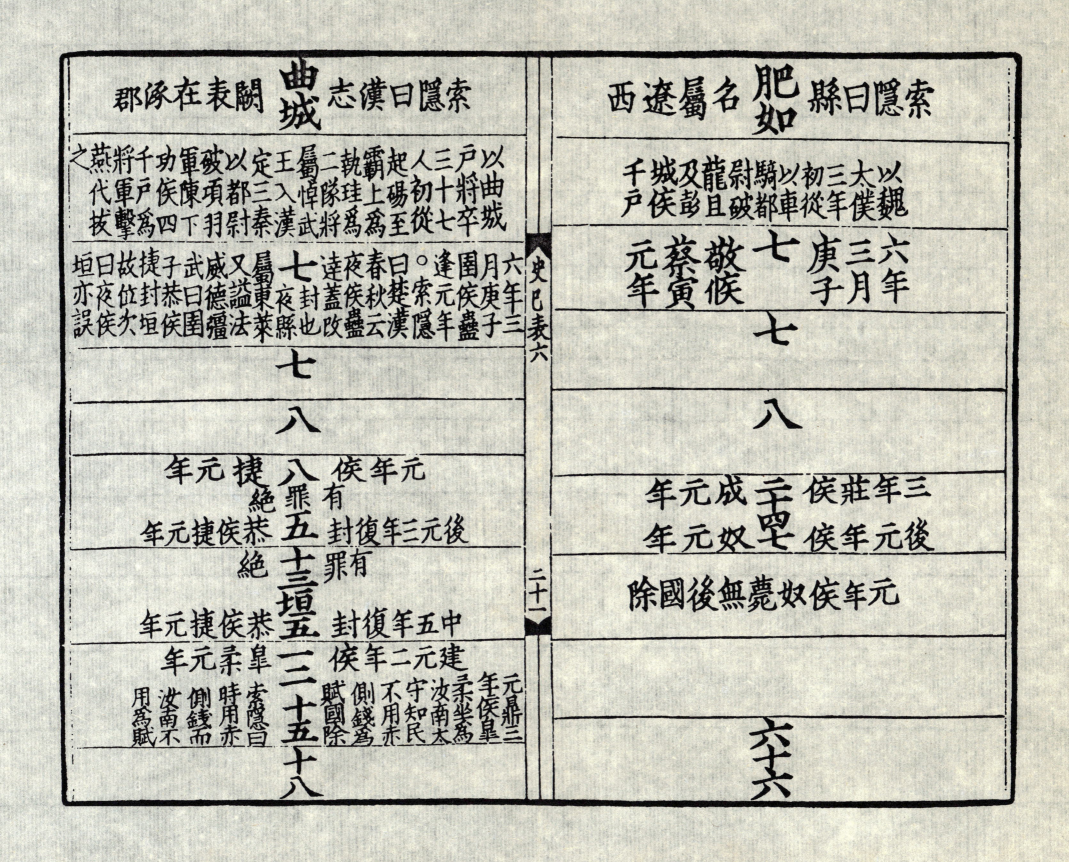

河陽	淮陰
索隱曰縣名屬河內	索隱曰縣名屬臨淮
以卒前元年起碭從以二隊將入漢擊項羽身得郎將處功侯以丞相定齊地	兵初起以卒從項梁梁死屬項羽爲郎中至咸陽亡從入漢爲連敖典客蕭何言爲大將軍別定魏齊爲王徙楚坐擅發兵廢爲淮陰侯○索隱曰典客漢表作粟客蓋字誤粟作治粟都尉或先爲連敖典客也
六年三月庚子 七 莊侯陳涓元年	六年四月侯 五 韓信元年
	十一年信謀反關中呂后誅信夷三族國除
七	
八	
元年侯 三 信元年	
四年侯信坐不償人責過六月奪侯國除	
二十九	

索隱曰縣名芒屬沛
以門尉前元年初起碭至霸上為武定君入漢還定三秦以都尉擊項羽侯
六年侯昭元年徐廣曰昭一作起漢書年表云芒侯耏跖○索隱曰耏跖音而只耏 三 又音人才反字林以多鬚髮白耏耏姓也左傳有耏班 九年侯昭有罪國除
孝景三年昭以故芒侯將兵從 十二 張 太尉亞夫擊吳楚有功復封 後元元年三月張侯申元年
元朔六年侯申坐尚南宮公主不敬國除○索隱曰主 十一 景帝女初南宮侯張生尚之有罪後張侯耏申尚之

索隱曰縣名故市屬河南
以執盾初起入漢為河上守遷為假相擊項羽侯千戶功比平定侯
六年四月癸未 三 侯閻澤赤元年 九年夷侯 四 毋害元年
七
後四年戴 十九 侯續元年
四 孝景五年 十二 侯穀嗣
元鼎五年侯穀 二十八 坐酎金國除
五十五

柳丘	索隱曰縣名屬勃海郡
	以連敖從起薛以二隊將入漢定三秦以都尉破項籍軍爲將軍侯千戶
七	六年六月丁亥齊侯戎賜元年
七	
四	五年定侯安國元年
四	
二十三	
三	四年敬侯嘉成元年
十	後元元年侯角嗣有罪國除
三十九	

魏其	索隱曰縣名屬琅邪
	以舍人從沛以郎中入漢爲周信侯定三秦遷爲郎中騎將破籍東城侯千戶
七	六年六月丁亥莊侯周定元年
七	
四	五年侯間元年
四	
二十三	
二	前三年侯間反國除
四十四	

祁 索隱曰縣名屬太原	平 索隱曰縣名屬河南
以執盾漢王三年初起從晉陽以連敖擊項籍漢王敗走賀方將軍擊楚追騎以故不得進漢王顧謂賀祁子留彭城軍執圭東擊羽急絶其近壁侯千四百户徐廣曰戰彭城爲尉敗斬將又云漢王顧歎賀祁戰彭城斬將	兵初起以舍人從擊秦以郎中入漢以將軍定諸侯守洛陽功侯比費侯賀千三百户
六年六月丁亥穀侯繒賀元年 七 索隱曰謚法行見中外曰穀	六年六月丁亥 六 悼侯沛嘉元年 一 十二年靖侯奴元年
七	七
八	八
十一 十二 十二年頃侯湖元年	十五 八 十六年侯執元年
五 十一 六年侯它元年	十一 中五年侯執有罪國除
元光二年侯它坐從射擅罷不敬國除 八 徐廣曰射一作酎	
五十二	三十二

魯 索隱曰縣名屬魯國	故城 索隱曰漢表作城父屬沛郡
以舍人從起沛至咸陽爲郎中入漢以將軍從定諸侯侯四千八百戶功比舞陽侯死事無代侯 徐廣曰漢書云魯侯涓涓死無子封母疵	兵初起以謁者從入漢以將軍擊諸侯以右丞相備守淮陽功比厭次侯二千戶
六年中母侯疵元年 七	六年中莊侯尹恢元年 七
七	一 三年侯開方元年 五
四 五年母侯疵薨無後國除	二 三年侯方奪侯爲關內侯
七	

任侯 索隱曰縣名屬廣平	棘丘 索隱曰漢志棘丘地闕
以騎都尉漢五年從起東垣擊燕代屬雍齒有功侯為車騎將軍	以執盾隊史前元年從起碭破秦以治粟內史入漢以上郡守擊定西魏地功侯
六年侯張越元年 七	六年侯襄元年 七 索隱曰襄名也史失姓及謚
七	七
二 三年侯越坐匿死罪免為庶人國除	四 四年侯襄奪侯為仕伍國除

阿陵 索隱曰縣名屬涿郡	昌武 索隱曰漢志昌武闕
以連敖前元年從單父以塞疏入漢還定三秦屬悼武王以都尉擊籍功侯徐廣曰一云塞路一云以衆入漢中 索隱曰按路字誤爲疏小顏云主遮塞要路也	初起以舍人從以郎中入漢定三秦以郎中將擊諸侯侯九百八十户比魏其侯
六年七月庚寅頃侯郭亭元年 七	六年七月庚寅靖信侯單甯元年 七 索隱曰單音善甯音佞
七	五 二 六年夷侯如意元年
八	八
二 二十一 三年惠侯歐元年	二十三
一 八 [illegible] 四 前二年侯勝客元年 有罪絕 中六年侯靖延居元年	十 六 中四年康侯賈成元年
十一 十七 元光六年侯則元年 元鼎四年侯則坐酎金國除	十 四 元光五年侯得元年 元朔元年侯得坐傷人二旬內死棄市國除
二十七	四十五

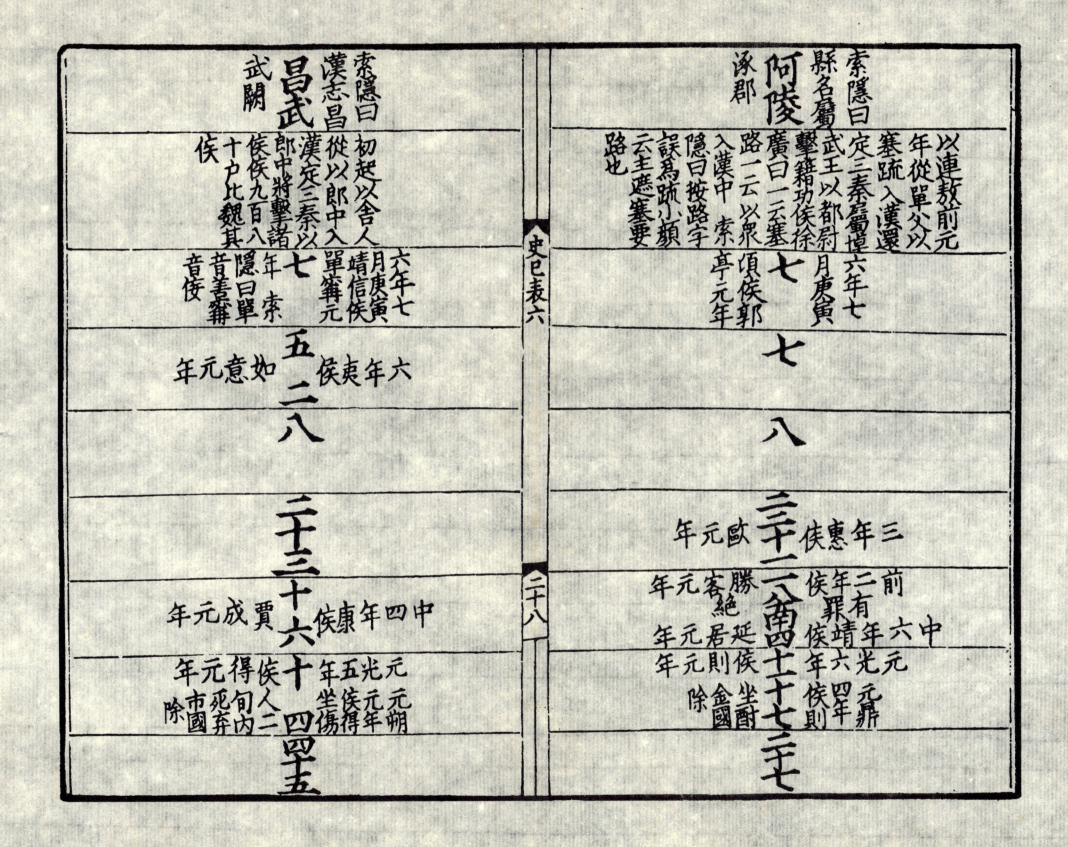

高苑 索隱曰縣名屬千乘	宣曲 索隱曰漢志闕
初起以舍人從入漢定三秦以中尉破籍侯千六百戶比斥丘侯	以卒從起留以騎將入漢定三秦破籍軍滎陽為郎騎破鍾離眛軍固陵侯六百七十戶
六年七月戊戌制侯丙倩 七 元年索隱曰倩音七淨反	六年七月戊戌 七 齊侯丁義元年
元年簡侯得元年 七	七
八	八
十五 十六年孝侯武元年 八	十 十一年侯通元年 十三
十六	四 有罪除 發婁 中五年復封侯通元年 中六年侯通有罪國除
建元元年 二 侯信元年 建元三年侯信坐出入屬車間奪侯國除	
四十一	四十三

索隱曰漢志闕 絳陽 漢表作終陵也	索隱曰 東茅 漢志闕
以越將從起留入漢定三秦擊臧荼侯七百四十戶從攻馬邑及布	以舍人從碭至霸上以二隊入漢定三秦以都尉擊項羽破臧荼侯補韓信為將軍益邑千戶
六年七月戊戌齊 七 侯華無害元年	六年八月丙辰 七 敬侯劉釗元年
七	七
八	八
四年恭侯勃齊元年 三 十六 四 後元四年侯祿元年	三年侯吉元年 二 十三 十六年侯吉奪爵國除
三 前四年侯祿坐出界有罪國除	
四十六	四十八

斥丘 索隱曰縣名屬魏郡	臺 索隱曰臨淄郡有臺鄉縣
以舍人從起豐以左司馬入漢以亞將攻籍剋敵爲東郡都尉擊破籍武城爲漢中尉擊布爲斥丘侯千戶徐廣曰一云城武	以舍人從起碭用隊率入漢以都尉擊籍籍死轉擊臨江屬將軍賈功侯以將軍擊漢
六年八月丙辰 八 懿侯唐厲元年	六年八月甲子 七 定侯戴野元年
七	七
八	八
	三 四年侯才元年 二十
八 九年恭侯鼂元年 十三 後元六年侯賢元年 二	二 三年侯才反國除
十 元鼎二年侯尊元年 五 元鼎五年侯尊坐酎金國除 三	
四十	三十五

安國 索隱曰縣名屬中山	樂成 索隱曰漢志闕
以客從起豐以廄將別定東郡南陽從至霸上入漢守豐上東因從戰不利奉孝惠魯元出淮水中及堅守豐于雍侯五千戶	以中涓騎從碭中爲騎將入漢定三秦侯以都尉擊籍屬灌嬰殺龍且更爲樂成侯千戶
七 六年八月甲子武侯王陵元年定侯安國	七 六年八月甲子節侯丁禮元年
七 其六年爲右丞相	七
七 一 八年哀侯忌元年	八
元年終侯游元年 二十三 徐廣曰游一作昭	四 五年夷侯馬從元年 十八 一 後七年武侯客元年
十六	十六
建元元年三月安侯辟方元年 二 十 元狩三年侯定元年 八 元鼎五年侯定坐酎金國除	元鼎二年 二 侯義元年 十 五 三 元鼎五年侯義坐言五利侯不道弃市國除
二十	二十四

辟陽	索隱曰縣名屬信都
	以舍人初起侍呂后孝惠沛三歲十月呂后入楚食其從一歲侯
七	六年八月甲子幽侯審食其元年
七	
三 二十	四年侯平元年
二	三年平坐反國除
	五十九

安平	索隱曰縣名屬涿郡
	以謁者漢王三年初從定諸侯有功秋舉蕭何功侯二千戶
七	六年八月甲子敬侯諤千秋元年
二 五	孝惠三年簡侯嘉元年
七 一	八年頃侯應元年
十三 十	十四年煬侯寄元年
十五 一	後三年侯但元年
十八	元狩元年坐與淮南王女陵通遺淮南書稱臣盡力棄市國除
	六十一

索隱曰漢志闕晉書地道記屬北地索緤封池陽後定封蒯成音苦懷反一音裴小顏音普背反

蒯成

以舍人從起沛至霸上侯入漢定三秦食邑池陽擊項羽軍滎陽絕甬道從出度平陰遇淮陰侯軍襄國楚漢約分洪溝以緤為信戰不利不敢離上侯三千三百戶

六年八月甲子 **七** 尊侯周緤元年

十二年十月乙未定蒯成

七

八

五

緤薨子昌代有罪絕國除

中元元年封緤子康侯應 **鄲** 元年○索隱曰鄲音多

中二年侯中居元 **八** 年索隱曰中音仲

元鼎三年居坐為 **二十六** 太常有罪國除

二十二

索隱曰縣 **北平** 名屬中山

以客從起陽武至霸上為常山守得陳餘為代相從趙相侯為計相四歲淮南相十四歲千三百戶

六年八月丁丑 **七** 文侯張蒼元年

七

八

其四為丞 **二十三** 相五歲罷

六年康侯 **五** 奉元年

八

後元元年 **三** 侯預元年

四

建元五年侯預坐臨諸侯喪後不敬國除

六十五

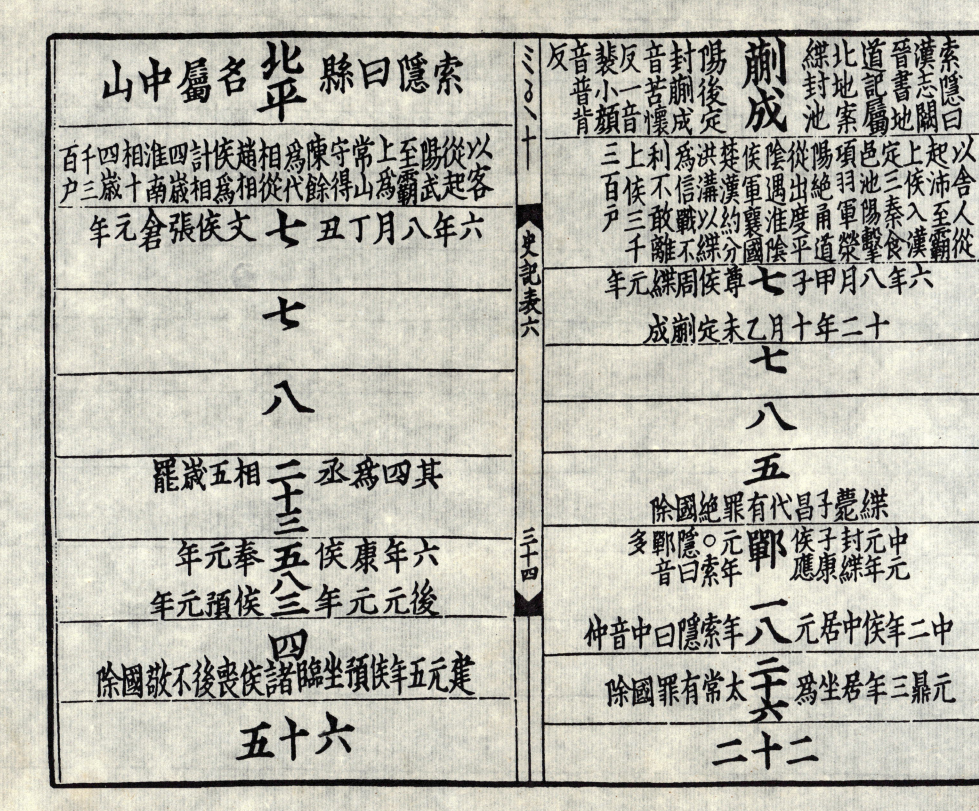

高胡 索隱曰漢志闕	**厭次** 索隱曰漢志闕晉書地道記屬平原後乃屬樂陵國也
以卒從起杠里入漢以都尉擊籍以都尉定燕侯千戶	以慎將前元年從起留入漢以都尉守廣武功侯
六年中侯陳夫乞元年　**七**	六年中侯元須元年　**七**　徐廣曰漢書作表類
七	**七**
八	**八**
五年殤侯程嗣　**四**　薨無後國除	元年侯賀元年　**五**　六年侯賀謀反國除
八十二	二十四

平皋 索隱曰縣名屬河內	復陽 索隱曰縣名屬南陽復音伏應劭云在桐栢山下復水之陽
項它漢六年以碭郡長初從賜姓爲劉氏功比戴侯彭祖五百八十户	以卒從起薛以將軍入漢以右司馬擊項籍侯千户
七年六月癸亥 六 煬侯劉它元年	七年十月甲子 六 剛侯陳胥元年
四 五年恭侯遠元年 三	七
八	八
二十三	十 十一年恭侯嘉元年 十三
元年節侯光元年 十六	五 六年康侯拾元年 十一
建元元年 二 侯勝元年	元朔元年 十二 侯彊元年
元鼎五年侯勝 十八 坐酎金國除	元狩二年坐父 七 拾非嘉子國除
百二十一	四十九

陽河 索隱曰縣名屬上黨

以中謁者從入漢以郎中騎從定諸侯侯五百戶功比高胡侯

七年十月甲子齊哀侯元 三 年漢表云齊侯其石

十年侯安 三 國元年

七

八

二十三

中元四年侯 十六 午元年中絕

元鼎四年恭 二十 侯章元年

元封元年埤山侯仁 七 元年索隱曰埤音卑

征和二年十月仁與母 三十 坐祝詛大逆無道國除

八十三

朝陽 索隱曰縣名屬南陽

以舍人從起薛以連敖入漢以都尉擊項羽後攻韓王信侯千戶

七年三月丙寅 六 齊侯華寄元年

七

元年文侯 八 要元年

十四年侯 十三十 當元年

十六

元朔二年侯當坐教 十三 人上書枉法罪國除

六十九

棘陽 索隱曰棘音紀力反縣名屬南陽
以卒從胡陵入漢以郎將迎左丞相軍以擊諸侯侯千户
七年七月丙辰 六 莊侯杜得臣元年
七
八
六年質侯 五十八 但元年
十六
元光四年 九 懷侯武元年 元朔五年侯武 七 薨無後國除
八十一

涅陽 索隱曰縣名屬南陽
以騎士漢王二年從出關以郎將擊斬項羽侯千五百户比杜衍侯
七年中莊侯呂勝元年○索隱曰五侯斬 六 項籍皆謚莊漢表以避諱皆改作嚴誤也
七
八
五年莊侯子成實非 四 子不當為侯國除
百四

索隱曰縣 平棘 名屬常山

以客從起亢父斬章邯所署蜀守用燕相侯千户

七年中懿侯執元年 六 徐廣曰漢書作林摯

七

七

八年侯辟 一 彊元年

五 六年侯辟彊有罪鬼薪國除

六十四

羹頡

以高祖兄子從軍擊反韓王信爲郎中將信母甞有罪高祖微時太上憐之故封爲羹頡侯

七年中侯劉信元年 六 索隱曰高祖兄子

七

元年信有罪削爵一級爲關內侯

索隱曰縣**深澤**名屬中山

以趙將漢王三年降屬淮陰侯定趙齊楚以擊平城侯七百户

八年十月癸丑齊侯趙將夜元年 **五** 〇索隱曰漢表作將夕

七

奪 **一** 絶

三年復封封二年薨

十四年復封 **四** 將夜元年

後元二年戴 **六** 侯頭元年

三年侯 **二** 循元年

中五年封頭子 **九** 夷侯胡元年 **五**

元朔五年夷侯 **十六** 胡薨無後國除

九十八

索隱曰**柏至**漢至闕

以騈憐從起昌邑以說衞入漢以中尉擊籍侯千户漢表師古曰二馬曰騈憐謂並兩騎爲軍翼也說讀曰稅說衞謂軍行止舍主爲衞也〇索隱曰姚氏憐聲近騈鄰猶比鄰也

七年七月戊辰靖侯許温元年 **六** 〇索隱曰漢表作許盎靖音淨

七

二年有 **一** 罪絶

三年復封 **六** 温如故

元年簡侯 **十四** 禄元年

十五年哀 **九** 侯昌元年

十六

元光二年共 **七** 侯如安元年

元狩三年 **十三** 侯福元年

元鼎二年侯 **五** 福有罪國除

五十八

國名	侯功	高祖	孝惠	高后	孝文	孝景	建元至元封	位次
中水 索隱曰縣名屬涿郡應劭云易滱二水之中	以郎中騎將漢王元年從起好時以司馬擊龍且後共斬項羽侯千五百戶	六 七年正月己酉莊侯呂馬童元年	七	八	九 十年夷侯假元年 十四 十三年共侯青肩元年	十六	五 建元六年靖侯德元年 一 元光元年侯宜成元年 二十三 元鼎五年宜成坐酎金國除	一百
杜衍 索隱曰縣名屬南陽	以郎中騎漢王三年從起下邳屬淮陰從灌嬰共斬項羽侯千七百戶	六 七年正月己酉莊侯王翳元年○索隱曰漢表作王翥	七	五 三 六年共侯福元年	四 五年侯市臣元年 七 十二 十二年侯翕元年	十三 三 有罪絕後元元年復封翳子彊侯郢人元年徐廣曰彊一作景	九 元光四年侯定國元年 十二 元狩四年侯定國有罪國除	二百

赤泉	索隱曰漢志闕
	以郎中騎漢王二年從起杜屬淮陰後從灌嬰共斬項羽侯千九百户
六	七年正月己酉莊侯楊喜元年
七	
一	元年奪絶
七	二年復封
十一	
十二	十二年定侯殷元年
三	四年侯無害元年
六	有罪絶
臨汝 五	中五年復封無害元年
七	元光二年侯無害有罪國除
百二	

恂	索隱曰縣名屬扶風音荀故周文王封其子之邑河東亦有郇城
	以燕將軍漢王四年從曹咎軍爲燕相告燕王荼反侯以燕相國定盧奴千九百户
五	八年十月丙辰項侯温疥元年
七	
八	
五	
十七	六年文侯仁元年
一	後元七年侯河元年
十	中元四年侯河有罪國除
九十	

索隱曰**武原**漢志闕

漢七年以梁將軍初從擊韓信陳豨縣布功侯二千八百户功比高陵

八年十二月丁未靖侯衛胠元年。索隱曰漢表胠作脍音怯 五

四年共侯寄元年 三 四

八

二十三

四年侯不害元年 三 十三 後二年不害坐葬過律國除

九十一

索隱曰漢志闕表作歷歷縣在信都劉氏依字讀言天下地名**磨**多既無定諡但依字是不決之詞地之與邑並無磨誤也

以趙衛將軍漢王二年從起盧奴擊項羽敖倉下爲將軍攻臧荼有功侯千户

八年七月癸丑 五 簡侯程黑元年

七

三年孝侯釐元年 二 六

後元年侯竈元年 十六 七

七 中元年侯竈有罪國除

九十二

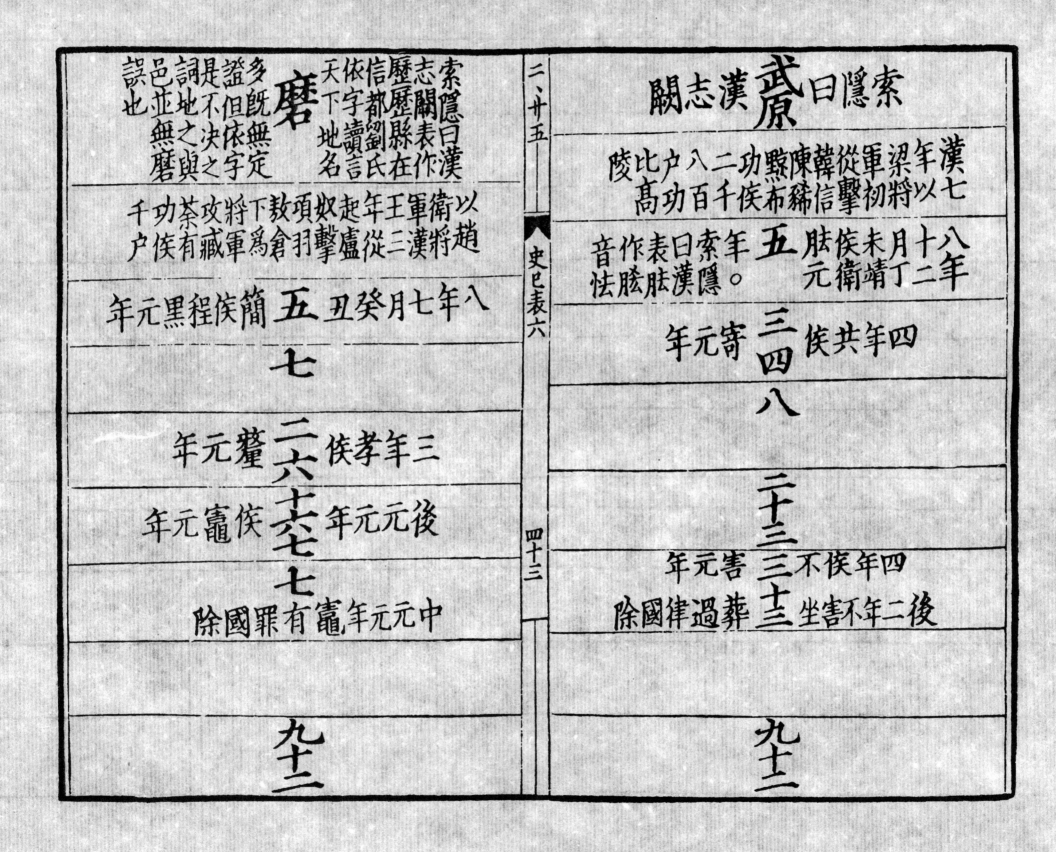

稾 索隱曰漢志稾縣屬山陽

高帝七年為將軍從擊代陳豨有功侯六百戶

八年十二月丁未祗侯陳鍇元年○索 五 隱曰漢表作鍇音楷三蒼云九江人名鐵曰鍇

三年懷侯 二五 嬰元年

八

七年共侯 六十四三 應元年
後五年侯安元年

十六

不得千秋父徐廣曰 十二 千秋父以元朔元年位
元狩二年侯 七 千秋元年
元鼎五年侯千 九 秋坐酎金國除

百二十四

宋子 索隱曰漢志宋子縣屬鉅鹿

以漢三年以趙羽林將初從擊定諸侯功比磿侯五百四十戶

八年十二月丁卯惠侯許瘛元年瘛音充志反○索隱 四 曰瘛音尺制反郭璞音胡計反亦作瘛字林音巨月反

十二年共侯 一 不疑元年

七

八

九
十年侯 十四 九元年

中元二年侯九坐買 八 塞外禁物罪國除

九十九

猗氏 索隱曰縣名屬河東
以舍人從起豐入漢以都尉擊項羽侯二千四百戶
八年三月丙戌敬侯陳遬 五 元年○索隱曰遬音速
七年靖侯交元年 六 一
八
二十三
三年頃侯差元 二 年薨無後國除
五十

清 索隱曰清縣屬東郡
以弩將初起從入漢以都尉擊項羽代侯比彭侯千戶
八年三月丙戌簡侯空中元年徐廣曰空 五 一作窒○索隱曰窒中姓見風俗通
元年頃侯 七 聖元年
八
八年康侯 七 十六 鮒元年
十六
元狩三年恭 二十 侯右元年 元鼎四年 七 侯生元年 元鼎五年生 一 坐酎金國除
七十一

彊 索隱曰漢志闕

以客吏初起從入漢以都尉擊項羽代侯比彭侯千戶

三 八年三月丙辰簡侯留勝元年

二 十一年戴侯章元年

七

八

十二 十三年侯服元年

三 十五年侯服有罪國除

七十二

彭 索隱曰漢表屬東海郡

以卒從起薛以弩將入漢以都尉擊項羽代侯千戶

五 八年三月丙戌簡侯秦同元年

七

八

二十三 三年戴侯執元年

二 三年侯武元年

十一 後元元年武有罪國除

七十

索隱曰縣名　吳房　屬汝南
以郎中騎將漢王元年從下邳擊陽夏以都尉斬項羽有功侯七百户
八年二月辛巳　五　莊侯楊武元年
七
八
十二年侯　十三　去疾元年
後元元年去　十四　疾有罪國除
九十四

索隱曰漢表甯　甯　陽屬濟南郡
以舍人從起碭入漢以都尉擊臧荼功侯千户
八年四月辛卯　五　莊侯魏選元年
七
八
十六年恭　十五八　侯連元年
元年侯　三　指元年 四年侯指坐出　國界有罪國除
七十八

昌 索隱曰縣名屬琅邪

以齊將漢王四年從淮陰侯起無盐定齊擊籍及韓王信於代侯千户

八年六月戊申圉侯盧卿元年○索隱曰漢表姓弦弦即盧古弦弓字 五

七

八

十

十五年侯通元年 四

九

二年侯通 二 反國除

百九

共 索隱曰縣名屬河内

以齊將漢王四年從淮陰侯起臨菑擊籍及韓王信於平城有功侯千二百户

八年六月壬子 五 莊侯盧罷師元年

七

八

七年惠侯 六 黨元年

十五年懷侯商元年 八

後四年侯商 五 薨無後國除

百十四

閼氏	索隱曰縣名屬安定
	以代太尉漢王三年降爲鴈門守以特將平代反寇侯千戶○索隱曰漢表太尉作太與爵名音余
四	八年六月壬子節侯馮解敢元年
一	十二年恭侯它元年
	薨無後絕
十四	二年封恭侯遺腹子文侯遺元年
八	十六年共侯勝之元年
五十一	前六年侯平元年
二十八	元鼎五年侯平坐酎金國除

安丘	索隱曰安丘縣屬北海
	以卒從起方與屬魏豹二歲五月以執鈹入漢以司馬擊籍以將軍定代侯三千戶
五	八年七月癸酉懿侯張說元年○索隱曰說音悅
七	
八	
十二十一	十三年恭侯奴元年
三十三	四年敬侯執元年 三年康侯訢元年
十八九	元狩元年侯指元年 元鼎四年侯指坐入上林謀盜鹿國除

合陽	索隱曰合陽屬馮翊
高祖兄兵初起侍太公守豐天下已平以六年正月立仲爲代王高祖八年匈奴攻代王弃國亡廢爲合陽侯	
八年九月丙子侯劉仲元年 五	徐廣曰一名嘉
二	仲子濞爲吳王
	以子吳王故尊仲謚爲代頃侯

襄平	索隱曰縣名屬臨淮
兵初起紀成以將軍從擊破秦入漢定三秦功定平侯戰好時死事子通襲成功侯	
八年九月丙午 五	侯紀通元年
七	
八	
二十三	
中元三年康 九 七	侯相夫元年
元朔元年 十二	夷吾元年
元封二年 十九	夷吾薨無後國除

龍 索隱曰盧江有龍舒縣蓋其地也

以卒從漢王元年起霸上以謁者擊籍斬曹咎侯千户

五 八年後九月己未敬侯陳署元年

七

七年侯堅元年 六 二

後元元年侯堅奪侯國除 十六

八十四

繁 索隱曰地理志魏郡有繁陽恐別有繁縣志闕

以趙騎將從漢三年從擊諸侯族比吳房侯千五百户

九年十一月壬寅莊侯彊瞻元 四 年○索隱曰漢表作平嚴侯張瞻

五年康侯昫獨 四 三 元年一云侯惇

八

二十三

四年侯寄元年 三 六

中三年侯安國元年 七

元狩元年安國 十八 為人所殺國除

九十五

索隱曰如淳據始皇紀所 **陸梁** 謂陸梁地按今在江南也

詔以爲列侯自置吏受令長沙王

九年三月丙辰侯須毋元 **二** 年○索隱曰漢表作須無

十二年共 **一** 侯桑元年

七

八

後三年康侯 **十五** 慶忌元年

元年侯 **十六** 冉元年

元鼎五年侯冉 **二十八** 坐酎金國除

百三十七

徐廣曰 **高景** 一作景

周苛起兵以內史入從擊破秦爲御史大夫入漢圍取諸侯堅守滎陽功比辟陽苛以御史大夫死事子成爲後襲侯

九年四月丙寅 **四** 侯周成元年

七

八

後五年坐謀反 **二十** 繫死國除絕

中元年封成 **繩** 孫應元年

侯平嗣不得元年

元狩四年平坐爲太常不繕治園陵不敬國除

六十

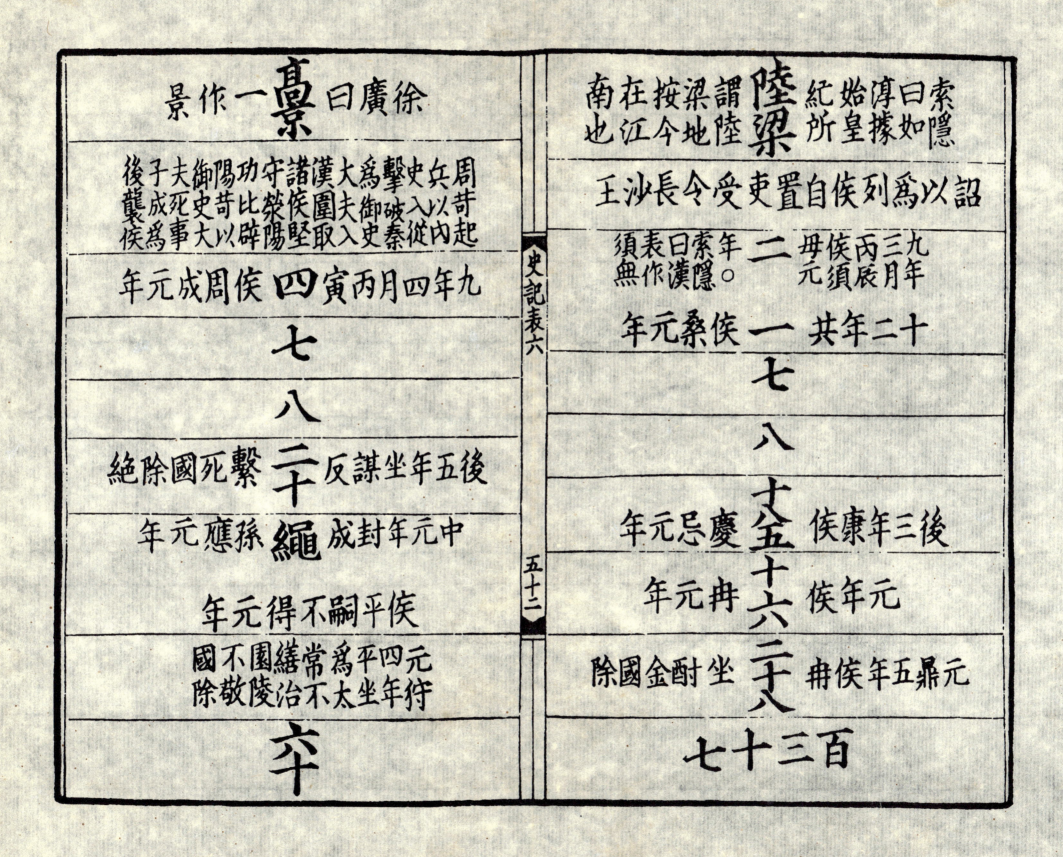

離	義陵 徐廣曰一作陽○索隱曰義陽縣在汝南
元年四月戊寅鄧弱元年	以長沙柱國侯千五百户
失此侯始所起及所絕○索隱曰案楚漢春秋亦關漢表成帝時光祿大夫潜堪曰旁占驗曰鄧弱以長沙將兵侯是所起也	九年九月丙子 四 侯吳程元年
	三 四年侯 四 種元年
	七年侯種薨無 六 後國除皆失謚
	百三十四

索隱曰楚漢春秋南宮侯張耳此作宣 宣平 平侯敖敖耳子陳平錄第時耳已薨故也

兵初起張耳誅秦爲相合諸侯兵鉅鹿破秦定趙爲常山王陳餘反襲耳弃國與大臣歸漢漢定趙爲王卒子敖嗣其臣貫高不善發爲侯

九年四月武 四 侯張敖元年

七

信 六 平
薨子偃爲魯王國除徐廣曰改封信平

元年以故魯 十五 王爲南宮侯
十六年哀 八 侯歐元年

中三年侯 九 七 生元年

罪 七 絕
睢 陽
元光三年封偃 十 孫侯廣元年
元鼎二年 八 侯昌元年
太初三年侯昌爲太常乏祠國 十三 除漢表師古曰祠事有闕乏也

三

索隱曰縣 東陽 名屬臨淮

高祖六年爲中大夫以河間守擊陳豨力戰功侯千三百戸

十一年十二月癸巳 二 武侯張相如元年

七

八

十六年共 十五 侯郃元年
後元五年戴 五 三 侯安國元年

四年哀侯 三 十三 彊元年

建元元年侯彊薨無後國除

百十八

開封 索隱曰縣名屬河南	沛 索隱曰縣名屬沛郡
以右司馬漢王五年初從以中尉擊燕定代侯比共侯二千戶	高祖兄合陽侯劉仲子侯
十一年十二月丙辰 一 閔侯陶舍元年 十二年夷 一 侯青元年	十一年二月癸 二 巳劉侯濞元年 十二年十月辛丑侯濞為吳王國除
景帝時 七 為丞相	
八	
二十三	
中元三年節 九七 侯偃元年	
元光五年 十 侯睢元年 元鼎五年侯睢 十八 坐酎金國除	
百十五	

索隱曰曰慎陽汝南如淳曰音震闞駰云合作滇陽永 **慎陽** 平五年失印更刻遂誤以水爲心續漢書作滇陽也	索隱曰 **禾成** 漢志闕
爲淮陰舍人告淮陰侯信反侯二千戶	以卒漢二年初從以郎中擊代斬陳豨侯千九百戶
十三年十二月甲寅侯欒說元 **二** 年○索隱曰漢表作欒說	十二年正月己未孝侯公孫耳 **二** 元年○索隱曰漢表作昔耳
七	**七**
八	**八**
二十三	五年懷侯 **四** 漸元年 十四年侯漸 **九** 薨無後國除
中元六年靖 **十二** 侯顧之元年 **四**	
建元元年侯 **二十二** 買之元年 元狩五年侯買之坐鑄白金棄市國除	
百三十一	**百十七**

堂陽 索隱曰縣名屬鉅鹿	祝阿 索隱曰縣名屬平原
以中涓從起沛以郎入漢以將軍擊籍爲惠侯坐守滎陽降楚免後復來以郎擊籍爲上黨守擊豨侯八百户	以客從起齧桑以十隊將入漢以將軍定魏太原破井陘屬淮陰侯以鉅度軍擊籍及攻豨侯八百户
二 十一年正月己未哀侯孫赤元年	二 十一年正月己未孝侯高邑元年
七	七
八 元年侯德元年	八
二十三	四 十四 五年侯成元年 後三年侯成坐事國人過律國除
十三 中六年侯德有罪國除	
七十七	七十四

長脩	索隱曰縣名屬河東
	以漢二年用御史初從出關以內史擊諸侯功比須昌侯以廷尉死事千九百戶
	十一年正月丙長平侯杜恬元年一云 二 杜恪○索隱曰案位次曰信平侯
	三年懷侯中元年 二 五
	八
	五年侯喜元年 四 十九
	八 罷 中五年復封陽平侯相夫元年 五 絕
	元封四年侯相夫坐爲太常與樂令無可當鄭舞人擅繇不如令闌出函谷關國除 三十三
	百八

江邑	索隱曰漢志闕
	以漢五年爲御史用奇計徙御史大夫周昌爲趙相而代陳豨功侯六百戶
	十一年正月辛未侯趙堯元年 二
	七
	元年侯堯有罪國除

營陵 索隱曰縣名屬北海

以三年爲郎中擊項羽以将軍擊陳豨得王黃爲侯與高祖疏屬劉氏世爲衛尉萬二千戶

二 十一年侯劉澤元年

七

六年侯澤爲 五 琅耶王國除

八十八

土軍 索隱曰包愷云地理志西河有土軍縣

高祖六年爲中地守以廷尉擊陳豨侯千二百戶就國後爲燕相

十一年二月丁亥武侯宣義元 二 年○索隱曰案位次曰信成侯也

六年孝侯 五二 莫如元年

八

二十三

二年康侯 二十四 平元年

建元六年 五 侯生元年

元朔二年生坐與人 八 妻姦罪國除

百二十二

廣阿	須昌
廣阿 索隱曰縣名屬鉅鹿	須昌 索隱曰縣名屬東郡
以客從起沛爲御史守豐二歲擊籍爲上黨守陳豨反堅守侯千八百户後遷御史大夫	以謁者灌王元年初起漢中雍軍塞陳謁上上計欲還衍言從它道道通後爲河間守陳豨反誅都尉相如功侯千四百户
十一年二月丁亥懿侯任敖元年 二	十一年二月己酉貞侯趙衍元年 二
七	七
八	八
三年夷侯竟元年 三 四年敬侯但元年 二十	十六年戴侯福元年 十五四 後元四年侯不害元年 四
十六	五年侯不害在罪國除 四
建元五年侯越元年 四 元鼎二年侯越坐爲太常廟酒酸不敬國除 二十一	一
八十九	百七

臨轅

初起從爲郎以都尉守蘄城以中尉侯五百戶

二
十一年二月乙酉堅侯戚鰓元年

四
五年夷侯觸龍元年
三

八

二十三

三
四年共侯忠元年
十三

三
建元四年侯賢元年
二十五
元鼎五年侯賢坐酎金國除

百十六

汲侯

索隱曰漢表作伋伋與汲並縣名屬河內

高祖六年爲太僕擊代豨有功侯千二百戶爲趙太傅

十一年二月己巳終侯公上不害元年○
二
索隱曰公上姓不害名也

一
二年夷侯武元年
六

十三
十四年康侯通元年
十

十六

一
建元二年侯廣德元年
九
元光五年廣德坐妻精大逆罪頗連廣德弃市國除

百二十三

寧陵 索隱曰縣名屬陳留	汾陽 索隱曰縣名屬太原
以舍人從陳留以郎入漢破曹咎成皋爲上解隨馬都尉擊陳豨功侯千户	以郎中騎千人前二年從起陽夏擊項羽以中尉破鍾離眛功侯
二 十一年二月辛亥夷侯呂臣元年	二 十一年二月辛亥侯靳彊元年
七	七
八	二 三年共侯解元年 六
十 十一年戴侯射元年 十三	二十三
三 四年惠侯始元年	四 五年康侯胡元年 十二 絶
一 五年侯始薨無後國除	江鄒 元鼎五年侯石元年
	太始四年五月丁卯侯石坐爲太常行太僕事治嗇夫可年益縱年國除
七十三	九十六

戴 索隱曰戴地名音再應邵云章帝改曰考城在故留縣

以卒從起沛以卒開沛城門爲太公僕以中令擊豨侯千二百戶

十一年三月癸酉敬侯彭祖元年○索隱曰漢表彭祖姓祕音 二 䜌韋昭音符蔑反非也今檢史記諸本並作祕今見有姓祕氏

七

三年共侯 二 六 悼元年

八年夷侯 十三 三 六 安國元年

十 六

元朔五年侯 十一 六 安期元年
元鼎五年侯 十二 三 蒙元年
後元年元年五月甲戌 十八 坐祝詛無道國除

百二十六

索隱曰 衍 漢志闕

以漢二年爲燕令以都尉下楚九城堅守燕侯九百戶

十一年七月乙巳簡侯翟盱元年 二 ○索隱曰盱音況于反

七

四年祗侯 三 山元年
六年節侯 三 三 嘉元年

二 十三

十 六

建元三年侯 二 不疑元年
元朔元年不疑坐挾 十 詔書論罪國除

百三十

平州 索隱曰漢志闕，晉書地道記屬巴郡	中牟 索隱曰縣名屬河南
漢王四年，以燕相從擊籍，還擊荼，以故二千石將爲列侯，千戶。	以卒從起沛，入漢，以郎中擊布，功侯，二千三百戶。始高祖微時，有急，給高祖一馬，故得侯。
十一年八月甲辰，共侯昭涉掉尾元年。二 ○索隱曰昭涉姓，掉尾名	十二年十月乙未，共侯單父聖元年。一 ○索隱曰漢表作單父左車
七	七
八	八
二年，戴侯福元年。一 五年，懷侯它人元年。三 九年，孝侯馬童元年。四 十五	八年，敬侯繒元年。七 十二年，戴侯終根元年。五 十一
後元二年，侯昧元年。十四 二	十六
元狩五年，侯昧坐行馳道中更呵馳去罪，國除。二十二	元光五年，侯舜元年。十 元鼎五年，侯舜坐酎金，國除。十八
百一十	百二十五

邔	漢書音義曰音巨己反○索隱曰邔縣屬南郡周成雜字辯詁云邔音跽
	以故群盜長臨江將已而爲漢擊臨江王及諸侯破布功侯千戶
一	十一年十月戊戌莊侯黃極忠元年
七	
八	
十一 九 三	十二年慶侯榮盛元年 後元五年共侯明元年
十六	
十六 八	元朔五年侯遂元年 元鼎元年遂坐賣宅縣官故貴國除
百一十	

博陽	索隱曰縣名屬彭城
	以卒從起豐以隊卒入漢擊籍成皐有功爲將軍布反定吳郡侯千四百戶
一	十二年十一月辛丑節侯周聚元年
七	
八	
八 十五	九年侯遬元年
十二	中五年侯遬奪爵一級國除
五十三	

陽義 徐廣曰一作羡。索隱曰縣屬宜陽。漢表羡作美	下相 索隱曰縣名屬臨淮
以荆令尹漢王五年初從擊鍾離眛及陳公利幾破之徙爲漢大夫坐至陳取韓信還爲中尉從擊布功侯二千户	以客從起沛周侯從擊破齊田解軍以楚丞相堅守彭城距布軍功侯二千户
十二年十月壬寅定侯靈常元年 一	十二年十月乙酉莊侯冷耳元年 一
七	七
六 七年共侯賀元年 二	八
六 七年哀侯勝元年 六 十二年侯勝薨無後國除	二 三年侯慎元年 二十一
	二 三年三月侯慎反國除
百十九	八十五

德 索隱曰漢志闕表在濟南

以代頃王子侯頃王吳王濞父也廣濞之弟也

十二年十一月 一 庚辰哀侯劉廣元年

七

二 六 三年頃侯通元年

二十三

五 六年侯齕元年 十一

二十七 元鼎四年侯何元年

一 元鼎五年侯何坐酎金國除

百二十七

高陵 索隱曰高陵縣屬琅邪

以騎司馬漢王元年從起廢丘以都尉破田橫龍且追籍至東城以將軍擊布九百户

十二年十一月丁亥圉侯王周 一 元年。索隱曰漢表作王虞人

七

二 六 三年惠侯并弓元年

十三年侯行元年 十二 十一

二 二年反國除

九十二

期思	索隱曰縣名屬汝南
淮南王布中大夫有郄上書告布反侯二千石布盡殺其宗族	
十二年十二月癸夘康侯賁赫 一 元年。索隱曰賁姓音肥又如字	
七	
八	
十四年赫薨 十三 無後國除	
百三十二	

穀陵	
以卒從前二年起柘擊籍定代爲將軍功侯	
十二年正月乙 一 丑定侯馮谿元年	
七	
八	
六 十七 七年共侯熊元年	
三年隱侯卬元年 一三十二 五年獻侯解元年	
建元四年 三 侯偃元年	
百五	

戚 索隱曰漢志闕晉地道記屬東海	壯 徐廣曰一作莊○索隱曰漢表作嚴避明帝諱
以都尉漢二年初起櫟陽攻廢丘破之因擊項籍別屬丞韓信破齊軍攻臧荼遷爲將軍擊信侯合千戶	以楚將漢三年降起臨濟以郎中擊籍陳豨功侯六百戶
十二年十二月癸卯圉侯季必元年○索隱曰 一 案灌嬰傳云重泉人李必此作季誤也	一 十二年正月乙丑敬侯許倩元年
七	七
八	八
四年齊侯 三十 班元年	二十三
十六	三年共侯 二十五 恢元年
建元三年侯 二 信成元年 元狩五年侯信坐太常縱 二十 丞相侵神道壖不敬國除	建元二年殤 一 侯則元年 元光五年侯 九 廣宗元年 元鼎元年侯廣 十五 宗坐酎金國除
九十	百二十

成陽	桃
成陽 索隱曰縣名屬汝南	桃 索隱曰縣名屬信都
以魏郎漢王二年從起陽武擊籍屬魏豹反屬相國彭越太原尉定代侯六百戶	以客從漢王二年從起定陶以大謁者擊布侯千戶爲淮陰守項氏親也賜姓
一 十二年正月乙酉定侯意元年	一 十二年二月丁巳安侯劉襄元年
七	七
八	奪絕二年 一 七 復封襄
十一年侯 十 十三 信元年	十年哀侯舍元年 九 十四 景帝時爲丞相
十六	十六
建元元年侯信罪鬼薪國除	建元元年厲侯申元年 十 元朔二年侯自爲元年 三 元鼎五年侯自爲坐酎金国除 十五
百十一	百三十五

高粱	食其兵起以客從擊破秦以列侯入漢還定諸侯常使約和諸侯列卒兵聚侯功比平侯嘉以死事子侯疥襲食其功侯九百户	十二年三月丙寅共侯酈疥元年 一	七	八	二十三	十六	八 元光三年侯勃元年 元狩元年坐詐衡山王取金當死病死國除	六十六
紀信	以中涓從起豐以騎將入漢以將軍擊籍後攻盧綰侯七百户	十二年六月丙辰匡侯陳倉元年 一	七	二 三年夷侯開元年 六	十七 後二年六月侯陽元年 六	二 三年陽反國除		十八

甘泉

徐廣曰一作景○索隱曰案志甘泉闕疑甘泉是甘水漢表作景侯

以車司馬漢王元年初從起高陵屬劉賈以都尉從軍侯

十二年六月壬辰侯王竟元年

一

索隱曰漢表作王竸

七年戴侯六一莫搖元年

八

十一年侯嫖元年○索隱曰嫖音匹妙

十

十三

反漢表作嬹音火孕反說文嬹悅也

十年侯嫖九有罪國除

煑棗

索隱曰徐廣云在宛句

以越連敖從起豐別以郎將入漢擊諸侯以都尉侯九百戶

十二年六月壬辰靖侯赤元年○索隱曰漢

一

表作端侯華朱華音棘亦作赤誤也棘姓蓋子成之後

二年赤子康二十二侯武元年

中二年侯八昌元年

二

中四年有罪國除

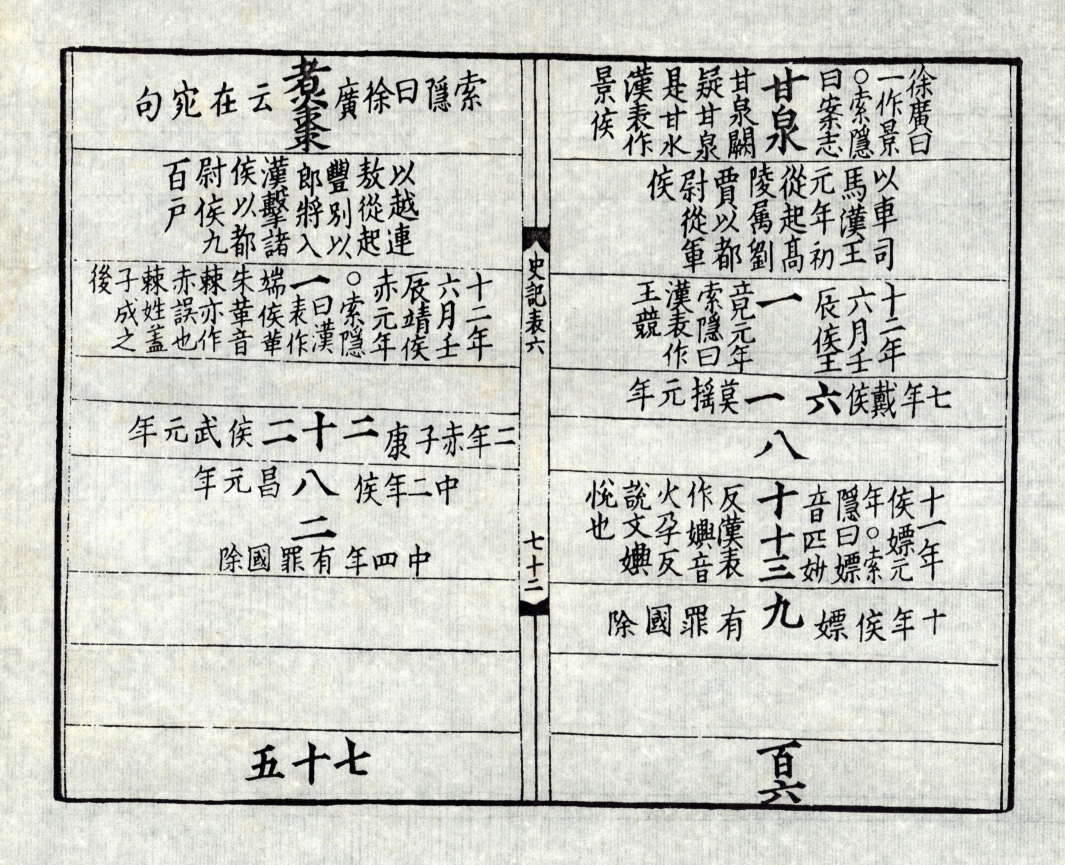

張 索隱曰縣名屬廣平

以中涓騎從起豐以郎將入漢從擊諸侯七百戶

十二年六月壬辰節侯毛澤元 一 年○索隱曰亦作釋之

七

八

十一年庚 十二 侯慶元年

十三年侯 十一 舜元年

中六年侯舜 十二 有罪國除

卄九

鄢陵 索隱曰縣名屬潁川

以卒從起豐入漢以都尉擊籍荼侯七百戶

十二年中莊侯 一 朱濞元年

七

三

四年恭侯 五 慶元年

七年恭侯慶薨 六 無後國除

五十二

菌 徐廣曰一作鹵○索隱曰漢志闕菌音求隕反徐作鹵音魯又作齒	以中涓前元年從起單父不入關以擊籍布燕王綰得南陽侯二千七百户	十二年六月莊侯張平元年 一	七	四 五年侯勝元年 四	三 四年侯勝有罪國除		四十八

索隱述贊曰

聖賢影響　風雲潛契　高祖膺籙
功臣命世　起沛入秦　憑謀仗計
紀勳書爵　河盟山誓　蕭曹輕重
絳灌權勢　咸就封國　式盟罪戾
仁賢者祀　昏虐者替　永監前脩
良慙固蔕

高祖功臣年表卷第六　史記十八